PREFACIO

La colección de guías de conversación para viajar "Todo irá bien" publicada por T&P Books está diseñada para personas que viajan al extranjero para turismo y negocios. Las guías contienen lo más importante - los elementos esenciales para una comunicación básica.Éste es un conjunto de frases imprescindibles para "sobrevivir" mientras está en el extranjero.

Esta guía de conversación le ayudará en la mayoría de los casos donde usted necesite pedir algo, conseguir direcciones, saber cuánto cuesta algo, etc. Puede también resolver situaciones difíciles de la comunicación donde los gestos no pueden ayudar.

Este libro contiene muchas frases que han sido agrupadas según los temas más relevantes.También encontrará un mini diccionario con palabras útiles - números, hora, calendario, colores…

Llévese la guía de conversación "Todo irá bien" en el camino y tendrá una insustituible compañera de viaje que le ayudará a salir de cualquier situación y le enseñará a no temer hablar con extranjeros.

TABLA DE CONTENIDOS

T&P Books Publishing

Colección de guías de conversación
"¡Todo irá bien!"

T&P Books Publishing

GUÍA DE CONVERSACIÓN

TURCO

LAS PALABRAS Y LAS FRASES MÁS ÚTILES

Esta Guía de Conversación
contiene las frases y las
preguntas más comunes
necesitadas para una
comunicación básica
con extranjeros

Andrey Taranov

T&P BOOKS

Guía de conversación + diccionario de 250 palabras

Guía de conversación Español-Turco y mini diccionario de 250 palabras

por Andrey Taranov

La colección de guías de conversación para viajar "Todo irá bien" publicada por T&P Books está diseñada para personas que viajan al extranjero para turismo y negocios. Las guías contienen lo más importante - los elementos esenciales para una comunicación básica. Éste es un conjunto de frases imprescindibles para "sobrevivir" mientras está en el extranjero.

También encontrará un mini diccionario con 250 palabras útiles necesarias para la comunicación diaria - los nombres de los meses y de los días de la semana, medidas, miembros de la familia, y más.

T&P Books Publishing
www.tpbooks.com

ISBN: 978-1-78492-631-1

Este libro está disponible en formato electrónico o de E-Book también. Visite www.tpbooks.com o las librerías electrónicas más destacadas en la Red.

PRONUNCIACIÓN

T&P alfabeto fonético	Ejemplo turco	Ejemplo español

Las vocales

[a]	**akşam** [akʃam]	radio
[e]	**kemer** [kemer]	princesa
[i]	**bitki** [bitki]	ilegal
[ɪ]	**fırıncı** [fɪrɪndʒɪ]	abismo
[o]	**foto** [foto]	bordado
[u]	**kurşun** [kurʃun]	mundo
[ø]	**römorkör** [rømorkør]	alemán - Hölle
[y]	**cümle** [dʒymle]	pluma

Las consonantes

[b]	**baba** [baba]	en barco
[d]	**ahududu** [ahududu]	desierto
[dʒ]	**acil** [adʒil]	jazz
[f]	**felsefe** [felsefe]	golf
[g]	**guguk** [guguk]	jugada
[ʒ]	**Japon** [ʒapon]	adyacente
[j]	**kayak** [kajak]	asiento
[h]	**merhaba** [merhaba]	registro
[k]	**okumak** [okumak]	charco
[l]	**sağlıklı** [saalıklı]	lira
[m]	**mermer** [mermer]	nombre
[n]	**nadiren** [nadiren]	número
[p]	**papaz** [papaz]	precio
[r]	**rehber** [rehber]	era, alfombra
[s]	**saksağan** [saksaan]	salva
[ʃ]	**şalgam** [ʃalgam]	shopping
[t]	**takvim** [takvim]	torre
[tʃ]	**çelik** [tʃelik]	mapache
[v]	**Varşova** [varʃova]	travieso
[z]	**kuzey** [kuzej]	desde

LISTA DE ABREVIATURAS

Abreviatura en español

adj	-	adjetivo
adv	-	adverbio
anim.	-	animado
conj	-	conjunción
etc.	-	etcétera
f	-	sustantivo femenino
f pl	-	femenino plural
fam.	-	uso familiar
fem.	-	femenino
form.	-	uso formal
inanim.	-	inanimado
innum.	-	innumerable
m	-	sustantivo masculino
m pl	-	masculino plural
m, f	-	masculino, femenino
masc.	-	masculino
mat	-	matemáticas
mil.	-	militar
num.	-	numerable
p.ej.	-	por ejemplo
pl	-	plural
pron	-	pronombre
sg	-	singular
v aux	-	verbo auxiliar
vi	-	verbo intransitivo
vi, vt	-	verbo intransitivo, verbo transitivo
vr	-	verbo reflexivo
vt	-	verbo transitivo

T&P BOOKS

GUÍA DE CONVERSACIÓN TURCO

Esta sección contiene frases
importantes que pueden
resultar útiles en varias
situaciones de la vida real.
La Guía le ayudará a pedir
direcciones, aclaración
sobre precio, comprar billetes,
y pedir alimentos en un
restaurante

T&P Books Publishing

CONTENIDO DE LA GUÍA DE CONVERSACIÓN

Lo más imprescindible

Perdone, …	**Affedersiniz, …** [affedersiniz, …]
Hola.	**Merhaba.** [merhaba]
Gracias.	**Teşekkürler.** [teʃekkyrler]
Sí.	**Evet.** [evet]
No.	**Hayır.** [hajır]
No lo sé.	**Bilmiyorum.** [bilmijorum]
¿Dónde?	¿A dónde?	¿Cuándo?	**Nerede?	Nereye?	Ne zaman?** [nerede?	nereje?	ne zaman?]
Necesito …	**Bana … lazım.** [bana … lazım]
Quiero …	**… istiyorum.** [… istijorum]
¿Tiene …?	**Sizde … var mı?** [sizde … var mı?]
¿Hay … por aquí?	**Burada … var mı?** [burada … var mı?]
¿Puedo …?	**… yapabilir miyim?** [… japabilir mijim?]
…, por favor? (petición educada)	**…, lütfen** […, lytfen]
Busco …	**Ben … arıyorum.** [ben … arıjorum]
el servicio	**tuvaleti** [tuvaleti]
un cajero automático	**bankamatik** [bankamatik]
una farmacia	**eczane** [edʒzane]
el hospital	**hastane** [hastane]
la comisaría	**karakolu** [karakolu]
el metro	**metroyu** [metroju]

un taxi	**taksi** [taksi]
la estación de tren	**tren istasyonunu** [tren istasjonunu]

Me llamo …	**Benim adım …** [benim adım …]
¿Cómo se llama?	**Adınız nedir?** [adınız nedir?]
¿Puede ayudarme, por favor?	**Bana yardım edebilir misiniz, lütfen?** [bana jardım edebilir misiniz, lytfen?]
Tengo un problema.	**Bir sorunum var.** [bir sorunum var]
Me encuentro mal.	**Kendimi iyi hissetmiyorum.** [kendimi iji hissetmijorum]
¡Llame a una ambulancia!	**Ambulans çağırın!** [ambulans tʃaırın!]
¿Puedo llamar, por favor?	**Telefonunuzdan bir arama yapabilir miyim?** [telefonunuzdan bir arama japabilir mijim?]

Lo siento.	**Üzgünüm.** [yzgynym]
De nada.	**Rica ederim.** [ridʒa ederim]

Yo	**Ben, bana** [ben, bana]
tú	**sen** [sen]
él	**o** [o]
ella	**o** [o]
ellos	**onlar** [onlar]
ellas	**onlar** [onlar]
nosotros /nosotras/	**biz** [biz]
ustedes, vosotros	**siz** [siz]
usted	**siz** [siz]

ENTRADA	**GİRİŞ** [giriʃ]
SALIDA	**ÇIKIŞ** [tʃikiʃ]
FUERA DE SERVICIO	**HİZMET DIŞI** [hizmet dıʃi]

CERRADO

KAPALI
[kapali]

ABIERTO

AÇIK
[atʃık]

PARA SEÑORAS

KADINLAR İÇİN
[kadinlar itʃin]

PARA CABALLEROS

ERKEKLER İÇİN
[erkekler itʃin]

Preguntas

¿Dónde? **Nerede?**
[nerede?]

¿A dónde? **Nereye?**
[nereje?]

¿De dónde? **Nereden?**
[nereden?]

¿Por qué? **Neden?**
[neden?]

¿Con que razón? **Niçin?**
[nitʃin?]

¿Cuándo? **Ne zaman?**
[ne zaman?]

¿Cuánto tiempo? **Ne kadar sürdü?**
[ne kadar syrdy?]

¿A qué hora? **Ne zaman?**
[ne zaman?]

¿Cuánto? **Ne kadar?**
[ne kadar?]

¿Tiene ...? **Sizde ... var mı?**
[sizde ... var mı?]

¿Dónde está ...? **... nerede?**
[... nerede?]

¿Qué hora es? **Saat kaç?**
[saat katʃ?]

¿Puedo llamar, por favor? **Telefonunuzdan bir arama yapabilir miyim?**
[telefonunuzdan bir arama japabilir mijim?]

¿Quién es? **Kim o?**
[kim o?]

¿Se puede fumar aquí? **Burada sigara içebilir miyim?**
[burada sigara itʃebilir mijim?]

¿Puedo ...? **... yapabilir miyim?**
[... japabilir mijim?]

Necesidades

Quisiera …	**… istiyorum.** [… istijorum]
No quiero …	**… istemiyorum.** [… istemijorum]
Tengo sed.	**Susadım.** [susadım]
Tengo sueño.	**Uyumak istiyorum.** [ujumak istijorum]
Quiero …	**… istiyorum.** [… istijorum]
lavarme	**Elimi yüzümü yıkamak** [elimi juzymy jıkamak]
cepillarme los dientes	**Dişlerimi fırçalamak** [diʃlerimi fırtʃalamak]
descansar un momento	**Biraz dinlenmek** [biraz dinlenmek]
cambiarme de ropa	**Üstümü değiştirmek** [ystymy deiʃtirmek]
volver al hotel	**Otele geri dönmek** [otele geri dønmek]
comprar …	**… satın almak** [… satın almak]
ir a …	**… gitmek** [… gitmek]
visitar …	**… ziyaret etmek** [… zijaret etmek]
quedar con …	**… ile buluşmak** [… ile buluʃmak]
hacer una llamada	**Bir arama yapmak** [bir arama japmak]
Estoy cansado /cansada/.	**Yorgunum.** [jorgunum]
Estamos cansados /cansadas/.	**Yorgunuz.** [jorgunuz]
Tengo frío.	**Üşüdüm.** [yʃydym]
Tengo calor.	**Sıcakladım.** [sıdʒakladım]
Estoy bien.	**İyiyim.** [ijijim]

Tengo que hacer una llamada.   **Telefon etmem lazım.**
[telefon etmem lazım]

Necesito ir al servicio.   **Lavaboya gitmem lazım.**
[lavaboja gitmem lazım]

Me tengo que ir.   **Gitmem gerek.**
[gitmem gerek]

Me tengo que ir ahora.   **Artık gitmem gerek.**
[artık gitmem gerek]

Preguntar por direcciones

Perdone, ...
Affedersiniz, ...
[affedersiniz, ...]

¿Dónde está ...?
... nerede?
[... nerede?]

¿Por dónde está ...?
... ne tarafta?
[... ne tarafta?]

¿Puede ayudarme, por favor?
Bana yardımcı olabilir misiniz, lütfen?
[bana jardımdʒı olabilir misiniz, lytfen?]

Busco ...
... arıyorum.
[... arıjorum]

Busco la salida.
Çıkışı arıyorum.
[tʃıkıʃı arıjorum]

Voy a ...
... gidiyorum.
[... gidijorum]

¿Voy bien por aquí para ...?
... gitmek için doğru yolda mıyım?
[... gitmek itʃin dooru jolda mıjım?]

¿Está lejos?
Uzak mıdır?
[uzak mıdır?]

¿Puedo llegar a pie?
Oraya yürüyerek gidebilir miyim?
[oraja juryjerek gidebilir mijim?]

¿Puede mostrarme en el mapa?
Yerini haritada gösterebilir misiniz?
[jerini haritada gøsterebilir misiniz?]

Por favor muestreme dónde estamos.
Şu an nerede olduğumuzu gösterir misiniz?
[ʃu an nerede olduumuzu gøsterir misiniz?]

Aquí
Burada
[burada]

Allí
Orada
[orada]

Por aquí
Bu taraftan
[bu taraftan]

Gire a la derecha.
Sağa dönün.
[saa dønyn]

Gire a la izquierda.
Sola dönün.
[sola dønyn]

la primera (segunda, tercera) calle
ilk (ikinci, üçüncü) çıkış
[ilk (ikindʒi, ytʃyndʒy) tʃıkıʃ]

a la derecha
sağa
[saa]

a la izquierda **sola**
[sola]

Siga recto. **Dümdüz gidin.**
[dymdyz gidin]

Carteles

¡BIENVENIDO!	**HOŞ GELDİNİZ!** [hoʃ geldiniz!]
ENTRADA	**GİRİŞ** [giriʃ]
SALIDA	**ÇIKIŞ** [ʧikiʃ]
EMPUJAR	**İTİNİZ** [itiniz]
TIRAR	**ÇEKİNİZ** [ʧekiniz]
ABIERTO	**AÇIK** [aʧik]
CERRADO	**KAPALI** [kapali]
PARA SEÑORAS	**BAYAN** [bajan]
PARA CABALLEROS	**BAY** [baj]
CABALLEROS	**BAY** [baj]
SEÑORAS	**BAYAN** [bajan]
REBAJAS	**İNDİRİM** [indirim]
VENTA	**İNDİRİM** [indirim]
GRATIS	**BEDAVA** [bedava]
¡NUEVO!	**YENİ!** [jeni!]
ATENCIÓN	**DİKKAT!** [dikkat!]
COMPLETO	**BOŞ YER YOK** [boʃ jer jok]
RESERVADO	**REZERVE** [rezerve]
ADMINISTRACIÓN	**MÜDÜRİYET** [mydyrijet]
SÓLO PERSONAL AUTORIZADO	**PERSONEL HARİCİ GİRİLMEZ** [personel hariʤi girilmez]

CUIDADO CON EL PERRO

DİKKAT KÖPEK VAR!
[dikkat køpek var!]

NO FUMAR

SİGARA İÇMEK YASAKTIR!
[sigara itʃmek jasaktir!]

NO TOCAR

DOKUNMAYINIZ!
[dokunmajiniz!]

PELIGROSO

TEHLİKELİ
[tehlikeli]

PELIGRO

TEHLİKE
[tehlike]

ALTA TENSIÓN

YÜKSEK GERİLİM
[juksek gerilim]

PROHIBIDO BAÑARSE

YÜZMEK YASAKTIR!
[juzmek jasaktir!]

FUERA DE SERVICIO

HİZMET DIŞI
[hizmet dıʃi]

INFLAMABLE

YANICI
[janidʒi]

PROHIBIDO

YASAK
[jasak]

PROHIBIDO EL PASO

GİRİLMEZ!
[girilmez!]

RECIÉN PINTADO

YENİ BOYANMIŞ ALAN
[jeni bojanmiʃ alan]

CERRADO POR RENOVACIÓN

TADİLAT SEBEBİYLE KAPALIDIR
[tadilat sebebijle kapalidir]

EN OBRAS

İLERİDE YOL ÇALIŞMASI VAR
[ileride jol tʃaliʃmasi var]

DESVÍO

TALİ YOL
[tali jol]

Transporte. Frases generales

el avión	**uçak** [utʃak]
el tren	**tren** [tren]
el bus	**otobüs** [otobys]
el ferry	**feribot** [feribot]
el taxi	**taksi** [taksi]
el coche	**araba** [araba]

el horario	**tarife** [tarife]
¿Dónde puedo ver el horario?	**Tarifeyi nereden görebilirim?** [tarifeji nereden gørebilirim?]
días laborables	**haftaiçi** [hafta itʃi]
fines de semana	**haftasonu** [hafta sonu]
días festivos	**tatil günleri** [tatil gynleri]

SALIDA	**KALKIŞ** [kalkiʃ]
LLEGADA	**VARIŞ** [variʃ]
RETRASADO	**RÖTARLI** [røtarli]
CANCELADO	**İPTAL** [iptal]

siguiente (tren, etc.)	**bir sonraki** [bir sonraki]
primero	**ilk** [ilk]
último	**son** [son]

¿Cuándo pasa el siguiente …?	**Bir sonraki … ne zaman?** [bir sonraki … ne zaman?]
¿Cuándo pasa el primer …?	**İlk … ne zaman?** [ilk … ne zaman?]

¿Cuándo pasa el último …?

Son … ne zaman?
[son … ne zaman?]

el trasbordo (cambio de trenes, etc.)

aktarma
[aktarma]

hacer un trasbordo

aktarma yapmak
[aktarma japmak]

¿Tengo que hacer un trasbordo?

Aktarma yapmam gerekiyor mu?
[aktarma japmam gerekijor mu?]

Comprar billetes

¿Dónde puedo comprar un billete?	**Nereden bilet alabilirim?** [nereden bilet alabilirim?]
el billete	**bilet** [bilet]
comprar un billete	**bilet almak** [bilet almak]
precio del billete	**bilet fiyatı** [bilet fijatı]
¿Para dónde?	**Nereye?** [nereje?]
¿A qué estación?	**Hangi istasyona?** [hangi istasjona?]
Necesito …	**Bana … lazım.** [bana … lazım]
un billete	**bir bilet** [bir bilet]
dos billetes	**iki bilet** [iki bilet]
tres billetes	**üç bilet** [yʧ bilet]
sólo ida	**tek yön** [tek jøn]
ida y vuelta	**gidiş-dönüş** [gidiʃ-dønyʃ]
en primera (primera clase)	**birinci sınıf** [birinʤi sınıf]
en segunda (segunda clase)	**ikinci sınıf** [ikinʤi sınıf]
hoy	**bugün** [bugyn]
mañana	**yarın** [jarın]
pasado mañana	**yarından sonraki gün** [jarından sonraki gyn]
por la mañana	**sabah** [sabah]
por la tarde	**öğleden sonra** [øːleden sonra]
por la noche	**akşam** [akʃam]

asiento de pasillo

koridor tarafı koltuk
[koridor tarafı koltuk]

asiento de ventanilla

pencere kenarı koltuk
[pendʒere kenarı koltuk]

¿Cuánto cuesta?

Ne kadar?
[ne kadar?]

¿Puedo pagar con tarjeta?

Kredi kartıyla ödeyebilir miyim?
[kredi kartıjla ødejebilir mijim?]

Autobús

el autobús	**otobüs** [otobys]
el autobús interurbano	**şehirler arası otobüs** [ʃehirler arası otobys]
la parada de autobús	**otobüs durağı** [otobys duraı]
¿Dónde está la parada de autobuses más cercana?	**En yakın otobüs durağı nerede?** [en jakın otobys duraı nerede?]
número	**numara** [numara]
¿Qué autobús tengo que tomar para ...?	**... gitmek için hangi otobüse binmem lazım?** [... gitmek itʃin hangi otobyse binmem lazım?]
¿Este autobús va a ...?	**Bu otobüs ... gider mi?** [bu otobys ... gider mi?]
¿Cada cuanto pasa el autobús?	**Ne sıklıkta otobüs var?** [ne sıklıkta otobys var?]
cada 15 minutos	**on beş dakikada bir** [on beʃ dakikada bir]
cada media hora	**her yarım saatte bir** [her jarım saatte bir]
cada hora	**saat başı** [saat baʃı]
varias veces al día	**günde birçok sefer** [gynde birtʃok sefer]
... veces al día	**günde ... kere** [gynde ... kere]
el horario	**tarife** [tarife]
¿Dónde puedo ver el horario?	**Tarifeyi nereden görebilirim?** [tarifeji nereden gørebilirim?]
¿Cuándo pasa el siguiente autobús?	**Bir sonraki otobüs ne zaman?** [bir sonraki otobys ne zaman?]
¿Cuándo pasa el primer autobús?	**İlk otobüs ne zaman?** [ilk otobys ne zaman?]
¿Cuándo pasa el último autobús?	**Son otobüs ne zaman?** [son otobys ne zaman?]
la parada	**durak** [durak]

la siguiente parada

sonraki durak
[sonraki durak]

la última parada

son durak
[son durak]

Pare aquí, por favor.

Burada durun lütfen.
[burada durun, lytfen]

Perdone, esta es mi parada.

Affedersiniz, bu durakta ineceğim.
[affedersiniz, bu durakta inedʒeim]

Tren

el tren	**tren** [tren]
el tren de cercanías	**banliyö treni** [banlijø treni]
el tren de larga distancia	**uzun mesafe treni** [uzun mesafe treni]
la estación de tren	**tren istasyonu** [tren istasjonu]
Perdone, ¿dónde está la salida al andén?	**Affedersiniz, perona nasıl gidebilirim?** [affedersiniz, perona nasıl gidebilirim?]

¿Este tren va a ...?	**Bu tren ... gider mi?** [bu tren ... gider mi?]
el siguiente tren	**bir sonraki tren** [bir sonraki tren]
¿Cuándo pasa el siguiente tren?	**Bir sonraki tren ne zaman?** [bir sonraki tren ne zaman?]
¿Dónde puedo ver el horario?	**Tarifeyi nereden görebilirim?** [tarifeji nereden gørebilirim?]
¿De qué andén?	**Hangi perondan?** [hangi perondan?]
¿Cuándo llega el tren a ...?	**Tren ... ne zaman varır?** [tren ... ne zaman varır?]

Ayudeme, por favor.	**Lütfen bana yardımcı olur musunuz?** [lytfen bana jardımdʒı olur musunuz?]
Busco mi asiento.	**Yerimi arıyorum.** [jerimi arıjorum]
Buscamos nuestros asientos.	**Yerlerimizi arıyoruz.** [jerlerimizi arıjoruz]
Mi asiento está ocupado.	**Yerimde başkası oturuyor.** [jerimde baʃkası oturujor]
Nuestros asientos están ocupados.	**Yerlerimizde başkaları oturuyor.** [jerlerimizde baʃkaları oturujor]

Perdone, pero ese es mi asiento.	**Affedersiniz, bu benim koltuğum.** [affedersiniz, bu benim koltuum]
¿Está libre?	**Bu koltuk boş mu?** [bu koltuk boʃ mu?]
¿Puedo sentarme aquí?	**Buraya oturabilir miyim?** [buraja oturabilir mijim?]

En el tren. Diálogo (Sin billete)

Su billete, por favor.

Bilet, lütfen.
[bilet, lytfen]

No tengo billete.

Biletim yok.
[biletim jok]

He perdido mi billete.

Biletimi kaybettim.
[biletimi kajbettim]

He olvidado mi billete en casa.

Biletimi evde unuttum.
[biletimi evde unuttum]

Le puedo vender un billete.

Biletinizi benden alabilirsiniz.
[biletinizi benden alabilirsiniz]

También deberá pagar una multa.

Ceza da ödemek zorundasınız.
[dʒeza da ødemek zorundasınız]

Vale.

Tamam.
[tamam]

¿A dónde va usted?

Nereye gidiyorsunuz?
[nereje gidijorsunuz?]

Voy a ...

... gidiyorum.
[... gidijorum]

¿Cuánto es? No lo entiendo.

Ne kadar? Anlamıyorum.
[ne kadar? anlamıjorum]

Escríbalo, por favor.

Yazar mısınız, lütfen?
[jazar mısınız, lytfen?]

Vale. ¿Puedo pagar con tarjeta?

**Tamam. Kredi kartıyla
ödeyebilir miyim?**
[tamam. kredi kartıjla
ødejebilir mijim?]

Sí, puede.

Evet, olur.
[evet, olur]

Aquí está su recibo.

Buyrun, makbuzunuz.
[bujrun, makbuzunuz]

Disculpe por la multa.

Ceza için üzgünüm.
[dʒeza itʃin yzgynym]

No pasa nada. Fue culpa mía.

Önemli değil. Benim hatamdı.
[ønemli deil. benim hatamdı]

Disfrute su viaje.

İyi yolculuklar.
[iji joldʒuluklar]

Taxi

taxi	**taksi** [taksi]
taxista	**taksi şoförü** [taksi ʃoføry]
coger un taxi	**taksiye binmek** [taksije binmek]
parada de taxis	**taksi durağı** [taksi duraɪ]
¿Dónde puedo coger un taxi?	**Nereden taksiye binebilirim?** [nereden taksije binebilirim?]
llamar a un taxi	**taksi çağırmak** [taksi tʃaɪrmak]
Necesito un taxi.	**Bana bir taksi lazım.** [bana bir taksi lazɪm]
Ahora mismo.	**Hemen şimdi.** [hemen ʃimdi]
¿Cuál es su dirección?	**Adresiniz nedir?** [adresiniz nedir?]
Mi dirección es ...	**Adresim ...** [adresim ...]
¿Cuál es el destino?	**Nereye gideceksiniz?** [nereje gidedʒeksiniz?]
Perdone, ...	**Affedersiniz, ...** [affedersiniz, ...]
¿Está libre?	**Müsait misiniz?** [mysait misiniz?]
¿Cuánto cuesta ir a ...?	**... gitmek ne kadar tutar?** [... gitmek ne kadar tutar?]
¿Sabe usted dónde está?	**Nerede olduğunu biliyor musunuz?** [nerede olduunu bilijor musunuz?]
Al aeropuerto, por favor.	**Havalimanı, lütfen.** [havalimanı, lytfen]
Pare aquí, por favor.	**Burada durun, lütfen.** [burada durun, lytfen]
No es aquí.	**Burası değil.** [burası deil]
La dirección no es correcta.	**Bu adres yanlış.** [bu adres janlɪʃ]
Gire a la izquierda.	**Sola dönün.** [sola dønyn]
Gire a la derecha.	**Sağa dönün.** [saa dønyn]

¿Cuánto le debo?

Borcum ne kadar?
[bordʒum ne kadar?]

¿Me da un recibo, por favor?

Fiş alabilir miyim, lütfen?
[fiʃ alabilir mijim, lytfen?]

Quédese con el cambio.

Üstü kalsın.
[ysty kalsın]

Espéreme, por favor.

Beni bekleyebilir misiniz, lütfen?
[beni beklejebilir misiniz, lytfen?]

cinco minutos

beş dakika
[beʃ dakika]

diez minutos

on dakika
[on dakika]

quince minutos

on beş dakika
[on beʃ dakika]

veinte minutos

yirmi dakika
[jirmi dakika]

media hora

yarım saat
[jarım saat]

Hotel

Hola.	**Merhaba.** [merhaba]
Me llamo …	**Adım …** [adım …]
Tengo una reserva.	**Rezervasyonum var.** [rezervasjonum var]
Necesito …	**Bana … lazım.** [bana … lazım]
una habitación individual	**tek kişilik bir oda** [tek kiʃilik bir oda]
una habitación doble	**çift kişilik bir oda** [tʃift kiʃilik bir oda]
¿Cuánto cuesta?	**Ne kadar tuttu?** [ne kadar tuttu?]
Es un poco caro.	**Bu biraz pahalı.** [bu biraz pahalı]
¿Tiene alguna más?	**Elinizde başka seçenek var mı?** [elinizde baʃka setʃenek var mı?]
Me quedo.	**Bunu alıyorum.** [bunu alıjorum]
Pagaré en efectivo.	**Peşin ödeyeceğim.** [peʃin ødejedʒeim]
Tengo un problema.	**Bir sorunum var.** [bir sorunum var]
Mi … no funciona.	**… bozuk.** [… bozuk]
Mi … está fuera de servicio.	**… çalışmıyor.** [… tʃalıʃmıjor]
televisión	**Televizyon** [televizjon]
aire acondicionado	**Klima** [klima]
grifo	**Musluk** [musluk]
ducha	**Duş** [duʃ]
lavabo	**Lavabo** [lavabo]
caja fuerte	**Kasa** [kasa]

cerradura	**Kapı kilidi** [kapı kilidi]
enchufe	**Priz** [priz]
secador de pelo	**Saç kurutma makinesi** [saʧ kurutma makinesi]

No tengo …	**… yok** [… jok]
agua	**Su** [su]
luz	**Işık** [iʃık]
electricidad	**Elektrik** [elektrik]

¿Me puede dar …?	**Bana … verebilir misiniz?** [bana … verebilir misiniz?]
una toalla	**bir havlu** [bir havlu]
una sábana	**bir battaniye** [bir battanije]
unas chanclas	**bir terlik** [bir terlik]
un albornoz	**bir bornoz** [bir bornoz]
un champú	**biraz şampuan** [biraz ʃampuan]
jabón	**biraz sabun** [biraz sabun]

Quisiera cambiar de habitación.	**Odamı değiştirmek istiyorum.** [odamı deiʃtirmek istijorum]
No puedo encontrar mi llave.	**Anahtarımı bulamıyorum.** [anahtarımı bulamıjorum]
Por favor abra mi habitación.	**Odamı açabilir misiniz, lütfen?** [odamı aʧabilir misiniz, lytfen?]
¿Quién es?	**Kim o?** [kim o?]
¡Entre!	**Girin!** [girin!]
¡Un momento!	**Bir dakika!** [bir dakika!]
Ahora no, por favor.	**Lütfen şimdi değil.** [lytfen ʃimdi deil]

Venga a mi habitación, por favor.	**Odama gelin, lütfen.** [odama gelin, lytfen]
Quisiera hacer un pedido.	**Odama yemek siparişi vermek istiyorum.** [odama jemek sipariʃi vermek istijorum]

Mi número de habitación es …

Oda numaram …
[oda numaram …]

Me voy …

… gidiyorum.
[… gidijorum]

Nos vamos …

… gidiyoruz.
[… gidijoruz]

Ahora mismo

şimdi
[ʃimdi]

esta tarde

öğleden sonra
[ø:leden sonra]

esta noche

bu akşam
[bu akʃam]

mañana

yarın
[jarın]

mañana por la mañana

yarın sabah
[jarın sabah]

mañana por la noche

yarın akşam
[jarın akʃam]

pasado mañana

yarından sonraki gün
[jarından sonraki gyn]

Quisiera pagar la cuenta.

Ödeme yapmak istiyorum.
[ødeme japmak istijorum]

Todo ha estado estupendo.

Herşey harikaydı.
[herʃej harikajdı]

¿Dónde puedo coger un taxi?

Nereden taksiye binebilirim?
[nereden taksije binebilirim?]

¿Puede llamarme un taxi, por favor?

Bana bir taksi çağırır mısınız, lütfen?
[bana bir taksi tʃaaırır mısınız, lytfen?]

Restaurante

¿Puedo ver el menú, por favor?
Menüye bakabilir miyim, lütfen?
[menyje bakabilir mijim, lytfen?]

Mesa para uno.
Bir kişilik masa.
[bir kiʃilik masa]

Somos dos (tres, cuatro).
İki (üç, dört) kişiyiz.
[iki (ytʃ, dørt) kiʃijiz]

Para fumadores
Sigara içilen bölüm
[sigara itʃilen bølym]

Para no fumadores
Sigara içilmeyen bölüm
[sigara itʃilmejen bølym]

¡Por favor! (llamar al camarero)
Affedersiniz!
[affedersiniz!]

la carta
menü
[meny]

la carta de vinos
şarap listesi
[ʃarap listesi]

La carta, por favor.
Menü, lütfen.
[meny, lytfen]

¿Está listo para pedir?
Sipariş vermeye hazır mısınız?
[sipariʃ vermeje hazır mısınız?]

¿Qué quieren pedir?
Ne alırsınız?
[ne alırsınız?]

Yo quiero …
… alacağım.
[… aladʒaım]

Soy vegetariano.
Ben vejetaryenim.
[ben veʒetarjenim]

carne
et
[et]

pescado
balık
[balık]

verduras
sebze
[sebze]

¿Tiene platos para vegetarianos?
Vejetaryen yemekleriniz var mı?
[veʒetarjen jemekleriniz var mı?]

No como cerdo.
Domuz eti yemem.
[domuz eti jemem]

Él /Ella/ no come carne.
O et yemez.
[o et jemez]

Soy alérgico a …
… alerjim var.
[… alerʒim var]

¿Me puede traer …, por favor?

Bana … getirir misiniz, lütfen?
[bana … getirir misiniz, lytfen?]

sal | pimienta | azúcar

tuz | biber | şeker
[tuz | biber | ʃeker]

café | té | postre

kahve | çay | tatlı
[kahve | ʧaj | tatlı]

agua | con gas | sin gas

su | maden | içme
[su | maden | iʧme]

una cuchara | un tenedor | un cuchillo

kaşık | çatal | bıçak
[kaʃık | ʧatal | bıʧak]

un plato | una servilleta

tabak | peçete
[tabak | peʧete]

¡Buen provecho!

Afiyet olsun!
[afijet olsun!]

Uno más, por favor.

Bir tane daha, lütfen.
[bir tane daha, lytfen]

Estaba delicioso.

Çok lezzetliydi.
[ʧok lezzetlijdi]

---

la cuenta | el cambio | la propina

hesap | para üstü | bahşiş
[hesap | para ysty | bahʃiʃ]

La cuenta, por favor.

Hesap, lütfen.
[hesap, lytfen]

¿Puedo pagar con tarjeta?

Kredi kartıyla ödeyebilir miyim?
[kredi kartıjla ødejebilir mijim?]

Perdone, aquí hay un error.

Affedersiniz, burada bir yanlışlık var.
[affedersiniz, burada bir janlıʃlık var]

De Compras

¿Puedo ayudarle?	**Yardımcı olabilir miyim?** [jardımdʒı olabilir mijim?]
¿Tiene ...?	**Sizde ... var mı?** [sizde ... var mı?]
Busco ...	**... arıyorum.** [... arıjorum]
Necesito ...	**Bana ... lazım.** [bana ... lazım]
Sólo estoy mirando.	**Sadece bakıyorum.** [sadedʒe bakıjorum]
Sólo estamos mirando.	**Sadece bakıyoruz.** [sadedʒe bakıjoruz]
Volveré más tarde.	**Daha sonra tekrar geleceğim.** [daha sonra tekrar geledʒeim]
Volveremos más tarde.	**Daha sonra tekrar geleceğiz.** [daha sonra tekrar geledʒeiz]
descuentos	oferta	**iskonto	indirimli satış** [iskonto	indirimli satıʃ]
Por favor, enséñeme ...	**Bana ... gösterebilir misiniz?** [bana ... gøsterebilir misiniz?]
¿Me puede dar ..., por favor?	**Bana ... verebilir misiniz?** [bana ... verebilir misiniz?]
¿Puedo probarmelo?	**Deneyebilir miyim?** [denejebilir mijim?]
Perdone, ¿dónde están los probadores?	**Affedersiniz, deneme kabini nerede?** [affedersiniz, deneme kabini nerede?]
¿Qué color le gustaría?	**Ne renk istersiniz?** [ne renk istersiniz?]
la talla	el largo	**beden	boy** [beden	boj]
¿Cómo le queda? (¿Está bien?)	**Nasıl, üzerinize oldu mu?** [nasıl, yzerinize oldu mu?]
¿Cuánto cuesta esto?	**Bu ne kadar?** [bu ne kadar?]
Es muy caro.	**Çok pahalı.** [ʧok pahalı]
Me lo llevo.	**Bunu alıyorum.** [bunu alıjorum]
Perdone, ¿dónde está la caja?	**Affedersiniz, ödemeyi nerede yapabilirim?** [affedersiniz, ødemeji nerede japabilirim?]

¿Pagará en efectivo o con tarjeta?

Nakit mi yoksa kredi kartıyla mı ödeyeceksiniz?
[nakit mi joksa kredi kartıjla mı ødejedʒeksiniz?]

en efectivo | con tarjeta

Nakit | kredi kartıyla
[nakit | kredi kartıjla]

¿Quiere el recibo?

Fatura ister misiniz?
[fatura ister misiniz?]

Sí, por favor.

Evet, lütfen.
[evet, lytfen]

No, gracias.

Hayır, gerek yok.
[hajır, gerek jok]

Gracias. ¡Que tenga un buen día!

Teşekkür ederim. İyi günler!
[teʃekkyr ederim. iji gynler!]

En la ciudad

Perdone, por favor.

Affedersiniz.
[affedersiniz]

Busco ...

... arıyorum.
[... arıjorum]

el metro

Metroyu
[metroju]

mi hotel

Otelimi
[otelimi]

el cine

Sinemayı
[sinemajı]

una parada de taxis

Taksi durağını
[taksi duraını]

un cajero automático

Bir bankamatik
[bir bankamatik]

una oficina de cambio

Bir döviz bürosu
[bir døviz byrosu]

un cibercafé

Bir internet kafe
[bir internet kafe]

la calle ...

... caddesini
[... dʒaddesini]

este lugar

Şurayı
[ʃurajı]

¿Sabe usted dónde está ...?

... nerede olduğunu biliyor musunuz?
[... nerede olduunu bilijor musunuz?]

¿Cómo se llama esta calle?

Bu caddenin adı ne?
[bu dʒaddenin adı ne?]

Muestreme dónde estamos ahora.

Şu an nerede olduğumuzu gösterir misiniz?
[ʃu an nerede olduumuzu gøsterir misiniz?]

¿Puedo llegar a pie?

Oraya yürüyerek gidebilir miyim?
[oraja juryjerek gidebilir mijim?]

¿Tiene un mapa de la ciudad?

Sizde şehir haritası var mı?
[sizde ʃehir haritası var mı?]

¿Cuánto cuesta la entrada?

Giriş bileti ne kadar?
[giriʃ bileti ne kadar?]

¿Se pueden hacer fotos aquí?

Burada fotoğraf çekebilir miyim?
[burada fotoraf tʃekebilir mijim?]

¿Está abierto?

Açık mısınız?
[atʃık mısınız?]

¿A qué hora abren?

Ne zaman açıyorsunuz?
[ne zaman atʃijorsunuz?]

¿A qué hora cierran?

Ne zaman kapatıyorsunuz?
[ne zaman kapatijorsunuz?]

Dinero

dinero	**para** [para]
efectivo	**nakit** [nakit]
billetes	**kağıt para** [kaıt para]
monedas	**bozukluk** [bozukluk]
la cuenta | el cambio | la propina	**hesap | para üstü | bahşiş** [hesap | para ysty | bahʃiʃ]
la tarjeta de crédito	**kredi kartı** [kredi kartı]
la cartera	**cüzdan** [dʒyzdan]
comprar	**satın almak** [satın almak]
pagar	**ödemek** [ødemek]
la multa	**ceza** [dʒeza]
gratis	**bedava** [bedava]
¿Dónde puedo comprar …?	**Nereden … alabilirim?** [nereden … alabilirim?]
¿Está el banco abierto ahora?	**Banka açık mı?** [banka atʃık mı?]
¿A qué hora abre?	**Ne zaman açılıyor?** [ne zaman atʃılıjor?]
¿A qué hora cierra?	**Ne zaman kapanıyor?** [ne zaman kapanıjor?]
¿Cuánto cuesta?	**Ne kadar?** [ne kadar?]
¿Cuánto cuesta esto?	**Bunun fiyatı nedir?** [bunun fijatı nedir?]
Es muy caro.	**Çok pahalı.** [tʃok pahalı]
Perdone, ¿dónde está la caja?	**Affedersiniz, ödemeyi nerede yapabilirim?** [affedersiniz, ødemeji nerede japabilirim?]

La cuenta, por favor.

Hesap, lütfen.
[hesap, lytfen]

¿Puedo pagar con tarjeta?

Kredi kartıyla ödeyebilir miyim?
[kredi kartıjla ødejebilir mijim?]

¿Hay un cajero por aquí?

Buralarda bankamatik var mı?
[buralarda bankamatik var mı?]

Busco un cajero automático.

Bankamatik arıyorum.
[bankamatik arıjorum]

Busco una oficina de cambio.

Döviz bürosu arıyorum.
[døviz byrosu arıjorum]

Quisiera cambiar …

… bozdurmak istiyorum
[… bozdurmak istijorum]

¿Cuál es el tipo de cambio?

Döviz kuru nedir?
[døviz kuru nedir?]

¿Necesita mi pasaporte?

Pasaportuma gerek var mı?
[pasaportuma gerek var mı?]

Tiempo

¿Qué hora es?	**Saat kaç?** [saat katʃ?]
¿Cuándo?	**Ne zaman?** [ne zaman?]
¿A qué hora?	**Saat kaçta?** [saat katʃta?]
ahora | luego | después de …	**şimdi | sonra | …den sonra** [ʃimdi | sonra | …den sonra]
la una	**saat bir** [saat bir]
la una y cuarto	**bir on beş** [bir on beʃ]
la una y medio	**bir otuz** [bir otuz]
las dos menos cuarto	**bir kırk beş** [bir kırk beʃ]
una | dos | tres	**bir | iki | üç** [bir | iki | ytʃ]
cuatro | cinco | seis	**dört | beş | altı** [dørt | beʃ | altı]
siete | ocho | nueve	**yedi | sekiz | dokuz** [jedi | sekiz | dokuz]
diez | once | doce	**on | on bir | on iki** [on | on bir | on iki]
en …	**… içinde** [… itʃinde]
cinco minutos	**beş dakika** [beʃ dakika]
diez minutos	**on dakika** [on dakika]
quince minutos	**on beş dakika** [on beʃ dakika]
veinte minutos	**yirmi dakika** [jirmi dakika]
media hora	**yarım saat** [jarım saat]
una hora	**bir saat** [bir saat]
por la mañana	**sabah** [sabah]

por la mañana temprano	**sabah erkenden** [sabah erkenden]
esta mañana	**bu sabah** [bu sabah]
mañana por la mañana	**yarın sabah** [jarın sabah]
al mediodía	**öğlen yemeğinde** [ø:len jemeinde]
por la tarde	**öğleden sonra** [ø:leden sonra]
por la noche	**akşam** [akʃam]
esta noche	**bu akşam** [bu akʃam]
por la noche	**geceleyin** [gedʒelejin]
ayer	**dün** [dyn]
hoy	**bugün** [bugyn]
mañana	**yarın** [jarın]
pasado mañana	**yarından sonraki gün** [jarından sonraki gyn]
¿Qué día es hoy?	**Bugün günlerden ne?** [bugyn gynlerden ne?]
Es …	**Bugün …** [bugyn …]
lunes	**Pazartesi** [pazartesi]
martes	**Salı** [salı]
miércoles	**Çarşamba** [tʃarʃamba]
jueves	**Perşembe** [perʃembe]
viernes	**Cuma** [dʒuma]
sábado	**Cumartesi** [dʒumartesi]
domingo	**Pazar** [pazar]

Saludos. Presentaciones.

Hola.

Merhaba.
[merhaba]

Encantado /Encantada/ de conocerle.

Tanıştığımıza memnun oldum.
[tanıʃtɪːɪmıza memnun oldum]

Yo también.

Ben de.
[ben de]

Le presento a …

Sizi … ile tanıştırmak istiyorum
[sizi … ile tanıʃtırmak istijorum]

Encantado.

Memnun oldum.
[memnun oldum]

¿Cómo está?

Nasılsınız?
[nasılsınız?]

Me llamo …

Adım …
[adım …]

Se llama …

Adı …
[adı …]

Se llama …

Adı …
[adı …]

¿Cómo se llama (usted)?

Adınız nedir?
[adınız nedir?]

¿Cómo se llama (él)?

Onun adı ne?
[onun adı ne?]

¿Cómo se llama (ella)?

Onun adı ne?
[onun adı ne?]

¿Cuál es su apellido?

Soyadınız nedir?
[sojadınız nedir?]

Puede llamarme …

Bana … diyebilirsiniz.
[bana … dijebilirsiniz]

¿De dónde es usted?

Nereden geliyorsunuz?
[nereden gelijorsunuz?]

Yo soy de ….

… dan geliyorum.
[… dan gelijorum]

¿A qué se dedica?

Mesleğiniz nedir?
[mesleiniz nedir?]

¿Quién es?

Bu kim?
[bu kim?]

¿Quién es él?

O kim?
[o kim?]

¿Quién es ella?

O kim?
[o kim?]

¿Quiénes son?

Onlar kim?
[onlar kim?]

Este es …	**Bu …** [bu …]
mi amigo	**arkadaşım** [arkadaʃım]
mi amiga	**arkadaşım** [arkadaʃım]
mi marido	**kocam** [kodʒam]
mi mujer	**karım** [karım]
mi padre	**babam** [babam]
mi madre	**annem** [annem]
mi hermano	**erkek kardeşim** [erkek kardeʃim]
mi hermana	**kız kardeşim** [kız kardeʃim]
mi hijo	**oğlum** [oolum]
mi hija	**kızım** [kızım]
Este es nuestro hijo.	**Bu bizim oğlumuz.** [bu bizim oolumuz]
Esta es nuestra hija.	**Bu bizim kızımız.** [bu bizim kızımız]
Estos son mis hijos.	**Bunlar benim çocuklarım.** [bunlar benim ʧodʒuklarım]
Estos son nuestros hijos.	**Bunlar bizim çocuklarımız.** [bunlar bizim ʧodʒuklarımız]

Despedidas

¡Adiós!	**Hoşça kalın!** [hoʃʧa kalın!]
¡Chau!	**Görüşürüz!** [gøryʃyryz!]
Hasta mañana.	**Yarın görüşmek üzere.** [jarın gøryʃmek yzere]
Hasta pronto.	**Görüşmek üzere.** [gøryʃmek yzere]
Te veo a las siete.	**Saat yedide görüşürüz.** [saat jedide gøryʃyryz]
¡Que se diviertan!	**İyi eğlenceler!** [iji eelendʒeler!]
Hablamos más tarde.	**Sonra konuşuruz.** [sonra konuʃuruz]
Que tengas un buen fin de semana.	**İyi hafta sonları.** [iji hafta sonları]
Buenas noches.	**İyi geceler.** [iji gedʒeler]
Es hora de irme.	**Gitme vaktim geldi.** [gitme vaktim geldi]
Tengo que irme.	**Gitmem lazım.** [gitmem lazım]
Ahora vuelvo.	**Hemen dönerim.** [hemen dønerim]
Es tarde.	**Geç oldu.** [geʧ oldu]
Tengo que levantarme temprano.	**Erken kalkmam lazım.** [erken kalkmam lazım]
Me voy mañana.	**Yarın gidiyorum.** [jarın gidijorum]
Nos vamos mañana.	**Yarın gidiyoruz.** [jarın gidijoruz]
¡Que tenga un buen viaje!	**İyi yolculuklar!** [iji joldʒuluklar!]
Ha sido un placer.	**Tanıştığımıza memnun oldum.** [tanıʃtı:ımıza memnun oldum]
Fue un placer hablar con usted.	**Konuştuğumuza memnun oldum.** [konuʃtuumuza memnun oldum]
Gracias por todo.	**Herşey için teşekkürler.** [herʃej iʧin teʃekkyrler]

Lo he pasado muy bien. **Çok iyi vakit geçirdim.**
[ʧok iji vakit geʧirdim]

Lo pasamos muy bien. **Çok iyi vakit geçirdik.**
[ʧok iji vakit geʧirdik]

Fue genial. **Gerçekten harikaydı.**
[gerʧekten harikajdɪ]

Le voy a echar de menos. **Seni özleyeceğim.**
[seni øzlejedʒeim]

Le vamos a echar de menos. **Sizi özleyeceğiz.**
[sizi øzlejedʒeiz]

¡Suerte! **İyi şanslar!**
[iji ʃanslar!]

Saludos a … **… selam söyle.**
[… selam søjle]

Idioma extranjero

No entiendo.	**Anlamıyorum.** [anlamıjorum]
Escríbalo, por favor.	**Yazar mısınız, lütfen?** [jazar mısınız, lytfen?]
¿Habla usted ...?	**... biliyor musunuz?** [... bilijor musunuz?]

Hablo un poco de ...	**Biraz ... biliyorum.** [biraz ... bilijorum]
inglés	**İngilizce** [ingilizdʒe]
turco	**Türkçe** [tyrktʃe]
árabe	**Arapça** [araptʃa]
francés	**Fransızca** [fransızdʒa]

alemán	**Almanca** [almandʒa]
italiano	**İtalyanca** [italjandʒa]
español	**İspanyolca** [ispanjoldʒa]
portugués	**Portekizce** [portekizdʒe]
chino	**Çince** [tʃindʒe]
japonés	**Japonca** [ʒapondʒa]

¿Puede repetirlo, por favor?	**Tekrar edebilir misiniz, lütfen?** [tekrar edebilir misiniz, lytfen?]
Lo entiendo.	**Anlıyorum.** [anlıjorum]
No entiendo.	**Anlamıyorum.** [anlamıjorum]
Hable más despacio, por favor.	**Lütfen daha yavaş konuşun.** [lytfen daha javaʃ konuʃun]

¿Está bien?	**Bu doğru mu?** [bu dooru mu?]
¿Qué es esto? (¿Que significa esto?)	**Bu ne?** [bu ne?]

Disculpas

Perdone, por favor.	**Affedersiniz.** [affedersiniz]
Lo siento.	**Üzgünüm.** [yzgynym]
Lo siento mucho.	**Gerçekten çok üzgünüm.** [gertʃekten tʃok yzgynym]
Perdón, fue culpa mía.	**Özür dilerim, benim hatam.** [øzyr dilerim, benim hatam]
Culpa mía.	**Benim hatamdı.** [benim hatamdı]
¿Puedo ...?	**... yapabilir miyim?** [... japabilir mijim?]
¿Le molesta si ...?	**... bir mahsuru var mı?** [... bir mahsuru var mı?]
¡No hay problema! (No pasa nada.)	**Sorun değil.** [sorun deil]
Todo está bien.	**Zararı yok.** [zararı jok]
No se preocupe.	**Hiç önemli değil.** [hitʃ ønemli deil]

Acuerdos

Sí.	**Evet.** [evet]
Sí, claro.	**Evet, tabii ki.** [evet, tabii ki]
Bien.	**Tamam.** [tamam]
Muy bien.	**Çok iyi.** [ʧok iji]
¡Claro que sí!	**Tabii ki!** [tabii ki!]
Estoy de acuerdo.	**Katılıyorum.** [katılıjorum]
Es verdad.	**Doğru.** [dooru]
Es correcto.	**Aynen öyle.** [ajnen øjle]
Tiene razón.	**Haklısınız.** [haklısınız]
No me molesta.	**Benim için sorun değil.** [benim iʧin sorun deil]
Es completamente cierto.	**Kesinlikle doğru.** [kesinlikle dooru]
Es posible.	**Bu mümkün.** [bu mymkyn]
Es una buena idea.	**Bu iyi bir fikir.** [bu iji bir fikir]
No puedo decir que no.	**Hayır diyemem.** [hajır dijemem]
Estaré encantado /encantada/.	**Memnun olurum.** [memnun olurum]
Será un placer.	**Zevkle.** [zevkle]

Rechazo. Expresar duda

No.	**Hayır.**
	[hajır]
Claro que no.	**Kesinlikle hayır.**
	[kesinlikle hajır]
No estoy de acuerdo.	**Katılmıyorum.**
	[katılmıjorum]
No lo creo.	**Sanmıyorum.**
	[sanmıjorum]
No es verdad.	**Bu doğru değil.**
	[bu dooru deil]

No tiene razón.	**Yanılıyorsunuz.**
	[janılıjorsunuz]
Creo que no tiene razón.	**Bence yanılıyorsunuz.**
	[bendʒe janılıjorsunuz]
No estoy seguro /segura/.	**Emin değilim.**
	[emin deilim]
No es posible.	**Bu mümkün değil.**
	[bu mymkyn deil]
¡Nada de eso!	**Hiçbir surette!**
	[hitʃbir surette!]

Justo lo contrario.	**Tam tersi.**
	[tam tersi]
Estoy en contra de ello.	**Ben buna karşıyım.**
	[ben buna karʃıjım]
No me importa. (Me da igual.)	**Umrumda değil.**
	[umrumda deil]
No tengo ni idea.	**Hiçbir fikrim yok.**
	[hitʃbir fikrim jok]
Dudo que sea así.	**O konuda şüpheliyim.**
	[o konuda ʃyphelijim]

Lo siento, no puedo.	**Üzgünüm, yapamam.**
	[yzgynym, japamam]
Lo siento, no quiero.	**Üzgünüm, istemiyorum.**
	[yzgynym, istemijorum]
Gracias, pero no lo necesito.	**Teşekkür ederim,**
	fakat buna ihtiyacım yok.
	[teʃekkyr ederim,
	fakat buna ihtijadʒım jok]

Ya es tarde.	**Geç oluyor.** [geʧ olujor]
Tengo que levantarme temprano.	**Erken kalmalıyım.** [erken kalmalıjım]
Me encuentro mal.	**Kendimi iyi hissetmiyorum.** [kendimi iji hissetmijorum]

Expresar gratitud

Gracias.	**Teşekkürler.**
	[teʃekkyrler]
Muchas gracias.	**Çok teşekkür ederim.**
	[tʃok teʃekkyr ederim]
De verdad lo aprecio.	**Gerçekten müteşekkirim.**
	[gertʃekten myteʃekkirim]
Se lo agradezco.	**Size hakikaten minnettarım.**
	[size hakikaten minnettarım]
Se lo agradecemos.	**Size hakikaten minnettarız.**
	[size hakikaten minnettarız]
Gracias por su tiempo.	**Zaman ayırdığınız**
	için teşekkür ederim.
	[zaman ajırdı:ınız
	itʃin teʃekkyr ederim]
Gracias por todo.	**Herşey için teşekkürler.**
	[herʃej itʃin teʃekkyrler]
Gracias por ...	**... için teşekkürler.**
	[... itʃin teʃekkyrler]
su ayuda	**Yardımınız için teşekkürler.**
	[jardımınız itʃin teʃekkyrler]
tan agradable momento	**Bu güzel vakit için teşekkürler.**
	[bu gyzel vakit itʃin teʃekkyrler]
una comida estupenda	**Bu harika yemek için teşekkürler.**
	[bu harika jemek itʃin teʃekkyrler]
una velada tan agradable	**Bu güzel akşam için teşekkürler.**
	[bu gyzel akʃam itʃin teʃekkyrler]
un día maravilloso	**Bu harika gün için teşekkürler.**
	[bu harika gyn itʃin teʃekkyrler]
un viaje increíble	**Bu harika yolculuk için teşekkürler.**
	[bu harika joldʒuluk itʃin teʃekkyrler]
No hay de qué.	**Lafı bile olmaz.**
	[lafı bile olmaz]
De nada.	**Bir şey değil.**
	[bir ʃej deil]
Siempre a su disposición.	**Her zaman.**
	[her zaman]
Encantado /Encantada/ de ayudarle.	**O zevk bana ait.**
	[o zevk bana ait]

No hay de qué.   **Hiç önemli değil.**
                                  [hiʧ ønemli deil]

No tiene importancia.   **Hiç dert etme.**
                                  [hiʧ dert etme]

Felicitaciones , Mejores Deseos

¡Felicidades!	**Tebrikler!** [tebrikler!]
¡Feliz Cumpleaños!	**Doğum günün kutlu olsun!** [doum gynyn kutlu olsun!]
¡Feliz Navidad!	**Mutlu Noeller!** [mutlu noeller!]
¡Feliz Año Nuevo!	**Yeni yılın kutlu olsun!** [jeni jılın kutlu olsun!]
¡Felices Pascuas!	**Mutlu Paskalyalar!** [mutlu paskaljalar!]
¡Feliz Hanukkah!	**Mutlu Hanuka Bayramları!** [mutlu hanuka bajramları!]
Quiero brindar.	**Kadeh kaldırmak istiyorum.** [kadeh kaldırmak istijorum]
¡Salud!	**Şerefe!** [ʃerefe!]
¡Brindemos por ...!	**... için kadeh kaldıralım!** [... iʧin kadeh kaldıralım!]
¡A nuestro éxito!	**Başarımıza!** [baʃarımıza!]
¡A su éxito!	**Başarınıza!** [baʃarınıza!]
¡Suerte!	**İyi şanslar!** [iji ʃanslar!]
¡Que tenga un buen día!	**İyi günler!** [iji gynler!]
¡Que tenga unas buenas vacaciones!	**İyi tatiller!** [iji tatiller!]
¡Que tenga un buen viaje!	**İyi yolculuklar!** [iji joldʒuluklar!]
¡Espero que se recupere pronto!	**Geçmiş olsun!** [geʧmiʃ olsun!]

Socializarse

¿Por qué está triste?

Neden üzgünsünüz?
[neden yzgynsynyz?]

¡Sonría! ¡Anímese!

Gülümseyin! Neşelenin!
[gylymsejin! neʃelenin!]

¿Está libre esta noche?

Bu gece müsait misiniz?
[bu gedʒe mysait misiniz?]

¿Puedo ofrecerle algo de beber?

Size bir içki ısmarlayabilir miyim?
[size bir itʃki ısmarlajabilir mijim?]

¿Querría bailar conmigo?

Dans eder misiniz?
[dans eder misiniz?]

Vamos a ir al cine.

Hadi sinemaya gidelim.
[hadi sinemaja gidelim]

¿Puedo invitarle a …?

Sizi … davet edebilir miyim?
[sizi … davet edebilir mijim?]

un restaurante

restorana
[restorana]

el cine

sinemaya
[sinemaja]

el teatro

tiyatroya
[tijatroja]

dar una vuelta

yürüyüşe
[juryjyʃe]

¿A qué hora?

Saat kaçta?
[saat katʃta?]

esta noche

bu gece
[bu gedʒe]

a las seis

altıda
[altıda]

a las siete

yedide
[jedide]

a las ocho

sekizde
[sekizde]

a las nueve

dokuzda
[dokuzda]

¿Le gusta este lugar?

Burayı sevdiniz mi?
[burajı sevdiniz mi?]

¿Está aquí con alguien?

Biriyle birlikte mi geldiniz?
[birijle birlikte mi geldiniz?]

Estoy con mi amigo /amiga/.

Arkadaşımlayım.
[arkadaʃımlajım]

Estoy con amigos.	**Arkadaşlarımlayım.**
	[arkadaʃlarımlajım]
No, estoy solo /sola/.	**Hayır, yalnızım.**
	[hajır, jalnızım]

¿Tienes novio?	**Erkek arkadaşınız var mı?**
	[erkek arkadaʃınız var mı?]
Tengo novio.	**Erkek arkadaşım var.**
	[erkek arkadaʃım var]
¿Tienes novia?	**Kız arkadaşınız var mı?**
	[kız arkadaʃınız var mı?]
Tengo novia.	**Kız arkadaşım var.**
	[kız arkadaʃım var]

¿Te puedo volver a ver?	**Seni tekrar görebilir miyim?**
	[seni tekrar gørebilir mijim?]
¿Te puedo llamar?	**Seni arayabilir miyim?**
	[seni arajabilir mijim?]
Llámame.	**Ara beni.**
	[ara beni]
¿Cuál es tu número?	**Telefon numaran nedir?**
	[telefon numaran nedir?]
Te echo de menos.	**Seni özledim.**
	[seni øzledim]

¡Qué nombre tan bonito!	**Adınız çok güzel.**
	[adınız tʃok gyzel]
Te quiero.	**Seni seviyorum.**
	[seni sevijorum]
¿Te casarías conmigo?	**Benimle evlenir misin?**
	[benimle evlenir misin?]
¡Está de broma!	**Şaka yapıyorsunuz!**
	[ʃaka japıjorsunuz!]
Sólo estoy bromeando.	**Sadece şaka yapıyorum.**
	[sadedʒe ʃaka japıjorum]

¿En serio?	**Ciddi misiniz?**
	[dʒiddi misiniz?]
Lo digo en serio.	**Ciddiyim.**
	[dʒiddijim]
¿De verdad?	**Gerçekten mi?!**
	[gertʃekten mi?!]
¡Es increíble!	**İnanılmaz!**
	[inanılmaz!]
No le creo.	**Size inanmıyorum.**
	[size inanmıjorum]
No puedo.	**Yapamam.**
	[japamam]
No lo sé.	**Bilmiyorum.**
	[bilmijorum]
No le entiendo.	**Sizi anlamıyorum.**
	[sizi anlamıjorum]

Váyase, por favor.

Lütfen gider misiniz?
[lytfen gider misiniz?]

¡Déjeme en paz!

Beni rahat bırakın!
[beni rahat bırakın!]

Es inaguantable.

Ona katlanamıyorum!
[ona katlanamıjorum!]

¡Es un asqueroso!

İğrençsiniz!
[i:irentʃsiniz!]

¡Llamaré a la policía!

Polisi arayacağım!
[polisi arajadʒaım!]

Compartir impresiones. Emociones

Me gusta.	**Bunu sevdim.** [bunu sevdim]
Muy lindo.	**Çok hoş.** [tʃok hoʃ]
¡Es genial!	**Bu harika!** [bu harika!]
No está mal.	**Fena değil.** [fena deil]

No me gusta.	**Bundan hoşlanmadım.** [bundan hoʃlanmadım]
No está bien.	**Bu iyi değil.** [bu iji deil]
Está mal.	**Bu kötü.** [bu køty]
Está muy mal.	**Bu çok kötü.** [bu tʃok køty]
¡Qué asco!	**Bu iğrenç.** [bu i:rentʃ]

Estoy feliz.	**Mutluyum.** [mutlujum]
Estoy contento /contenta/.	**Halimden memnunum.** [halimden memnunum]
Estoy enamorado /enamorada/.	**Aşığım.** [aʃı:ım]
Estoy tranquilo.	**Sakinim.** [sakinim]
Estoy aburrido.	**Sıkıldım.** [sıkıldım]

Estoy cansado /cansada/.	**Yorgunum.** [jorgunum]
Estoy triste.	**Üzgünüm.** [yzgynym]
Estoy asustado.	**Korkuyorum.** [korkujorum]
Estoy enfadado /enfadada/.	**Kızgınım.** [kızgınım]

Estoy preocupado /preocupada/.	**Endişeliyim.** [endiʃelijim]
Estoy nervioso /nerviosa/.	**Gerginim.** [gerginim]

Estoy celoso /celosa/.

Kıskanıyorum.
[kıskanıjorum]

Estoy sorprendido /sorprendida/.

Şaşırdım.
[ʃaʃırdım]

Estoy perplejo /perpleja/.

Şaşkınım.
[ʃaʃkınım]

Problemas, Accidentes

Tengo un problema.	**Bir sorunum var.** [bir sorunum var]
Tenemos un problema.	**Bir sorunumuz var.** [bir sorunumuz var]
Estoy perdido /perdida/.	**Kayboldum.** [kajboldum]
Perdí el último autobús (tren).	**Son otobüsü (treni) kaçırdım.** [son otobysy (treni) katʃırdım]
No me queda más dinero.	**Hiç param kalmadı.** [hitʃ param kalmadı]

He perdido …	**… kaybettim.** [… kajbettim]
Me han robado …	**Biri … çaldı.** [biri … tʃaldı]
mi pasaporte	**pasaportumu** [pasaportumu]
mi cartera	**cüzdanımı** [dʒyzdanımı]
mis papeles	**belgelerimi** [belgelerimi]
mi billete	**biletimi** [biletimi]

mi dinero	**paramı** [paramı]
mi bolso	**el çantamı** [el tʃantamı]
mi cámara	**fotoğraf makinamı** [fotoraf makinamı]
mi portátil	**dizüstü bilgisayarımı** [dizysty bilgisajarımı]
mi tableta	**tablet bilgisayarımı** [tablet bilgisajarımı]
mi teléfono	**cep telefonumu** [dʒep telefonumu]

¡Ayúdeme!	**Yardım edin!** [jardım edin!]
¿Qué pasó?	**Ne oldu?** [ne oldu?]
el incendio	**yangın** [jangın]

un tiroteo	**silahlı çatışma** [silahlı ʧatıʃma]
el asesinato	**cinayet** [dʒinajet]
una explosión	**patlama** [patlama]
una pelea	**kavga** [kavga]

¡Llame a la policía!	**Polis çağırın!** [polis ʧaırın!]
¡Más rápido, por favor!	**Lütfen acele edin!** [lytfen adʒele edin!]
Busco la comisaría.	**Karakolu arıyorum.** [karakolu arıjorum]
Tengo que hacer una llamada.	**Telefon açmam gerek.** [telefon aʧmam gerek]
¿Puedo usar su teléfono?	**Telefonunuzu kullanabilir miyim?** [telefonunuzu kullanabilir mijim?]

Me han ...	**Ben ...** [ben ...]
asaltado /asaltada/	**gasp edildim.** [gasp edildim]
robado /robada/	**soyuldum.** [sojuldum]
violada	**tecavüze uğradım.** [tedʒavyze uuradım]
atacado /atacada/	**saldırıya uğradım.** [saldırıja uuradım]

¿Se encuentra bien?	**İyi misiniz?** [iji misiniz?]
¿Ha visto quien a sido?	**Kim olduğunu gördünüz mü?** [kim olduunu gørdynyz my?]
¿Sería capaz de reconocer a la persona?	**Yapanı görseniz, tanıyabilir misiniz?** [japanı gørseniz, tanıjabilir misiniz?]
¿Está usted seguro?	**Emin misiniz?** [emin misiniz?]

Por favor, cálmese.	**Lütfen sakinleşin.** [lytfen sakinleʃin]
¡Cálmese!	**Sakin ol!** [sakin ol!]
¡No se preocupe!	**Endişelenmeyin!** [endiʃelenmejin!]
Todo irá bien.	**Herşey yoluna girecek.** [herʃej joluna giredʒek]
Todo está bien.	**Herşey yolunda.** [herʃej jolunda]
Venga aquí, por favor.	**Buraya gelin, lütfen.** [buraja gelin, lytfen]

Tengo unas preguntas para usted.

Size birkaç sorum olacak.
[size birkatʃ sorum oladʒak]

Espere un momento, por favor.

Bir dakika bekler misiniz, lütfen?
[bir dakika bekler misiniz, lytfen?]

¿Tiene un documento de identidad?

Kimliğiniz var mı?
[kimli:iniz var mı?]

Gracias. Puede irse ahora.

Teşekkürler. Şimdi gidebilirsiniz.
[teʃekkyrler. ʃimdi gidebilirsiniz]

¡Manos detrás de la cabeza!

Ellerinizi başınızın arkasına koyun!
[ellerinizi baʃınızın arkasına kojun!]

¡Está arrestado!

Tutuklusunuz!
[tutuklusunuz!]

Problemas de salud

Ayudeme, por favor.

Lütfen bana yardım eder misiniz?
[lytfen bana jardım eder misiniz?]

No me encuentro bien.

Kendimi iyi hissetmiyorum.
[kendimi iji hissetmijorum]

Mi marido no se encuentra bien.

Kocam kendisini iyi hissetmiyor.
[kodʒam kendisini iji hissetmijor]

Mi hijo ...

Oğlum ...
[oolum ...]

Mi padre ...

Babam ...
[babam ...]

Mi mujer no se encuentra bien.

Karım kendisini iyi hissetmiyor.
[karım kendisini iji hissetmijor]

Mi hija ...

Kızım ...
[kızım ...]

Mi madre ...

Annem ...
[annem ...]

Me duele ...

... ağrıyor.
[... aarıjor]

la cabeza

Başım
[baʃım]

la garganta

Boğazım
[boazım]

el estómago

Midem
[midem]

un diente

Dişim
[diʃim]

Estoy mareado.

Başım dönüyor.
[baʃım dønyjor]

Él tiene fiebre.

Ateşi var.
[ateʃi var]

Ella tiene fiebre.

Ateşi var.
[ateʃi var]

No puedo respirar.

Nefes alamıyorum.
[nefes alamıjorum]

Me ahogo.

Nefesim daralıyor.
[nefesim daralıjor]

Tengo asma.

Astımım var.
[astımım var]

Tengo diabetes.

Şeker hastalığım var.
[ʃeker hastalı:ım var]

No puedo dormir.

Uyuyamıyorum.
[ujujamıjorum]

intoxicación alimentaria

Gıda zehirlenmesi
[gıda zehirlenmesi]

Me duele aquí.

Burası acıyor.
[burası adʒıjor]

¡Ayúdeme!

Yardım edin!
[jardım edin!]

¡Estoy aquí!

Buradayım!
[buradajım!]

¡Estamos aquí!

Buradayız!
[buradajız!]

¡Saquenme de aquí!

Beni buradan çıkarın!
[beni buradan tʃıkarın!]

Necesito un médico.

Doktora ihtiyacım var.
[doktora ihtijadʒım var]

No me puedo mover.

Hareket edemiyorum.
[hareket edemijorum]

No puedo mover mis piernas.

Bacaklarımı kıpırdatamıyorum.
[badʒaklarımı kıpırdatamıjorum]

Tengo una herida.

Yaralandım.
[jaralandım]

¿Es grave?

Ciddi mi?
[dʒiddi mi?]

Mis documentos están en mi bolsillo.

Belgelerim cebimde.
[belgelerim dʒebimde]

¡Cálmese!

Sakin olun!
[sakin olun!]

¿Puedo usar su teléfono?

Telefonunuzu kullanabilir miyim?
[telefonunuzu kullanabilir mijim?]

¡Llame a una ambulancia!

Ambulans çağırın!
[ambulans tʃaırın!]

¡Es urgente!

Acil!
[adʒil!]

¡Es una emergencia!

Bu bir acil durum!
[bu bir adʒil durum!]

¡Más rápido, por favor!

Lütfen acele edin!
[lytfen adʒele edin!]

¿Puede llamar a un médico, por favor?

Lütfen doktor çağırır mısınız?
[lytfen doktor tʃaırır mısınız?]

¿Dónde está el hospital?

Hastane nerede?
[hastane nerede?]

¿Cómo se siente?

Kendinizi nasıl hissediyorsunuz?
[kendinizi nasıl hissedijorsunuz?]

¿Se encuentra bien?

İyi misiniz?
[iji misiniz?]

¿Qué pasó?

Ne oldu?
[ne oldu?]

Me encuentro mejor.

Şimdi daha iyiyim.
[ʃimdi daha ijijim]

Está bien.

Sorun değil.
[sorun deil]

Todo está bien.

Bir şeyim yok.
[bir ʃejim jok]

En la farmacia

la farmacia	**eczane** [edʒzane]
la farmacia 24 horas	**nöbetçi eczane** [nøbetʧi edʒzane]
¿Dónde está la farmacia más cercana?	**En yakın eczane nerede?** [en jakın edʒzane nerede?]

¿Está abierta ahora?	**Şu an açık mı?** [ʃu an aʧık mı?]
¿A qué hora abre?	**Saat kaçta açılıyor?** [saat kaʧta aʧılıjor?]
¿A qué hora cierra?	**Saat kaçta kapanıyor?** [saat kaʧta kapanıjor?]

¿Está lejos?	**Uzakta mı?** [uzakta mı?]
¿Puedo llegar a pie?	**Oraya yürüyerek gidebilir miyim?** [oraja juryjerek gidebilir mijim?]
¿Puede mostrarme en el mapa?	**Yerini haritada gösterebilir misiniz?** [jerini haritada gøsterebilir misiniz?]

Por favor, deme algo para …	**Lütfen … için bir şey verir misiniz?** [lytfen … iʧin bir ʃej verir misiniz?]
un dolor de cabeza	**baş ağrısı** [baʃ aarısı]
la tos	**öksürük** [øksyryk]
el resfriado	**soğuk algınlığı** [souk algınlı:ı]
la gripe	**grip** [grip]

la fiebre	**ateş** [ateʃ]
un dolor de estomago	**mide ağrısı** [mide aarısı]
nauseas	**bulantı** [bulantı]
la diarrea	**ishal** [ishal]
el estreñimiento	**kabızlık** [kabızlık]
un dolor de espalda	**sırt ağrısı** [sırt aarısı]

un dolor de pecho	**göğüs ağrısı** [gøjus aarısı]
el flato	**dalak şişmesi** [dalak ʃiʃmesi]
un dolor abdominal	**karın ağrısı** [karın aarısı]

la píldora	**hap** [hap]
la crema	**merhem, krem** [merhem, krem]
el jarabe	**şurup** [ʃurup]
el spray	**sprey** [sprej]
las gotas	**damla** [damla]

Tiene que ir al hospital.	**Hastaneye gitmeniz gerek.** [hastaneje gitmeniz gerek]
el seguro de salud	**sağlık sigortası** [saalık sigortası]
la receta	**reçete** [reʧete]
el repelente de insectos	**böcek ilacı** [bødʒek iladʒı]
la curita	**yara bandı** [jara bandı]

Lo más imprescindible

Perdone, ...	**Affedersiniz, ...** [affedersiniz, ...]
Hola.	**Merhaba.** [merhaba]
Gracias.	**Teşekkürler.** [teʃekkyrler]

Sí.	**Evet.** [evet]
No.	**Hayır.** [hajır]
No lo sé.	**Bilmiyorum.** [bilmijorum]
¿Dónde? ¿A dónde? ¿Cuándo?	**Nerede? Nereye? Ne zaman?** [nerede? nereje? ne zaman?]

Necesito ...	**Bana ... lazım.** [bana ... lazım]
Quiero ...	**... istiyorum.** [... istijorum]
¿Tiene ...?	**Sizde ... var mı?** [sizde ... var mı?]
¿Hay ... por aquí?	**Burada ... var mı?** [burada ... var mı?]
¿Puedo ...?	**... yapabilir miyim?** [... japabilir mijim?]
..., por favor? (petición educada)	**..., lütfen** [..., lytfen]

Busco ...	**Ben ... arıyorum.** [ben ... arıjorum]
el servicio	**tuvaleti** [tuvaleti]
un cajero automático	**bankamatik** [bankamatik]
una farmacia	**eczane** [edʒzane]
el hospital	**hastane** [hastane]

la comisaría	**karakolu** [karakolu]
el metro	**metroyu** [metroju]

un taxi	**taksi** [taksi]
la estación de tren	**tren istasyonunu** [tren istasjonunu]

Me llamo …	**Benim adım …** [benim adım …]
¿Cómo se llama?	**Adınız nedir?** [adınız nedir?]
¿Puede ayudarme, por favor?	**Bana yardım edebilir misiniz, lütfen?** [bana jardım edebilir misiniz, lytfen?]
Tengo un problema.	**Bir sorunum var.** [bir sorunum var]
Me encuentro mal.	**Kendimi iyi hissetmiyorum.** [kendimi iji hissetmijorum]
¡Llame a una ambulancia!	**Ambulans çağırın!** [ambulans tʃaırın!]
¿Puedo llamar, por favor?	**Telefonunuzdan bir arama yapabilir miyim?** [telefonunuzdan bir arama japabilir mijim?]

Lo siento.	**Üzgünüm.** [yzgynym]
De nada.	**Rica ederim.** [ridʒa ederim]

Yo	**Ben, bana** [ben, bana]
tú	**sen** [sen]
él	**o** [o]
ella	**o** [o]
ellos	**onlar** [onlar]
ellas	**onlar** [onlar]
nosotros /nosotras/	**biz** [biz]
ustedes, vosotros	**siz** [siz]
usted	**siz** [siz]

ENTRADA	**GİRİŞ** [giriʃ]
SALIDA	**ÇIKIŞ** [tʃikiʃ]
FUERA DE SERVICIO	**HİZMET DIŞI** [hizmet dıʃi]

CERRADO

KAPALI
[kapali]

ABIERTO

AÇIK
[aʧık]

PARA SEÑORAS

KADINLAR İÇİN
[kadinlar iʧin]

PARA CABALLEROS

ERKEKLER İÇİN
[erkekler iʧin]

MINI DICCIONARIO

Esta sección contiene 250
palabras útiles necesarias
para la comunicación diaria.
Encontrará ahí los nombres
de los meses y de los días
de la semana.
El diccionario también
contiene temas relevantes
tales como colores, medidas,
familia, y más

T&P Books Publishing

CONTENIDO
DEL DICCIONARIO

T&P Books Publishing

1. La hora. El calendario

tiempo (m)	**zaman, vakit**	[zaman], [vakit]
hora (f)	**saat**	[saat]
media hora (f)	**yarım saat**	[jarım saat]
minuto (m)	**dakika**	[dakika]
segundo (m)	**saniye**	[sanije]
hoy (adv)	**bugün**	[bugyn]
mañana (adv)	**yarın**	[jarın]
ayer (adv)	**dün**	[dyn]
lunes (m)	**Pazartesi**	[pazartesi]
martes (m)	**Salı**	[salı]
miércoles (m)	**Çarşamba**	[ʧarʃamba]
jueves (m)	**Perşembe**	[perʃembe]
viernes (m)	**Cuma**	[ʤuma]
sábado (m)	**Cumartesi**	[ʤumartesi]
domingo (m)	**Pazar**	[pazar]
día (m)	**gün**	[gyn]
día (m) de trabajo	**iş günü**	[iʃ gyny]
día (m) de fiesta	**bayram günü**	[bajram gyny]
fin (m) de semana	**hafta sonu**	[hafta sonu]
semana (f)	**hafta**	[hafta]
semana (f) pasada	**geçen hafta**	[geʧen hafta]
semana (f) que viene	**gelecek hafta**	[gelʤek hafta]
por la mañana	**sabahleyin**	[sabahlejin]
por la tarde	**öğleden sonra**	[ø:leden sonra]
por la noche	**akşamleyin**	[akʃamlejin]
esta noche	**bu akşam**	[bu akʃam]
(p.ej. 8:00 p.m.)		
por la noche	**geceleyin**	[geʤelejin]
medianoche (f)	**gece yarısı**	[geʤe jarısı]
enero (m)	**ocak**	[oʤak]
febrero (m)	**şubat**	[ʃubat]
marzo (m)	**mart**	[mart]
abril (m)	**nisan**	[nisan]
mayo (m)	**mayıs**	[majıs]
junio (m)	**haziran**	[haziran]
julio (m)	**temmuz**	[temmuz]
agosto (m)	**ağustos**	[austos]

septiembre (m)	**eylül**	[ejlyl]
octubre (m)	**ekim**	[ekim]
noviembre (m)	**kasım**	[kasım]
diciembre (m)	**aralık**	[aralık]
en primavera	**ilkbaharda**	[ilkbaharda]
en verano	**yazın**	[jazın]
en otoño	**sonbaharda**	[sonbaharda]
en invierno	**kışın**	[kıʃın]
mes (m)	**ay**	[aj]
estación (f)	**mevsim**	[mevsim]
año (m)	**yıl, sene**	[jıl], [sene]

2. Números. Los numerales

cero	**sıfır**	[sıfır]
uno	**bir**	[bir]
dos	**iki**	[iki]
tres	**üç**	[ytʃ]
cuatro	**dört**	[dørt]
cinco	**beş**	[beʃ]
seis	**altı**	[altı]
siete	**yedi**	[jedi]
ocho	**sekiz**	[sekiz]
nueve	**dokuz**	[dokuz]
diez	**on**	[on]
once	**on bir**	[on bir]
doce	**on iki**	[on iki]
trece	**on üç**	[on ytʃ]
catorce	**on dört**	[on dørt]
quince	**on beş**	[on beʃ]
dieciséis	**on altı**	[on altı]
diecisiete	**on yedi**	[on jedi]
dieciocho	**on sekiz**	[on sekiz]
diecinueve	**on dokuz**	[on dokuz]
veinte	**yirmi**	[jirmi]
treinta	**otuz**	[otuz]
cuarenta	**kırk**	[kırk]
cincuenta	**elli**	[elli]
sesenta	**altmış**	[altmıʃ]
setenta	**yetmiş**	[jetmiʃ]
ochenta	**seksen**	[seksen]
noventa	**doksan**	[doksan]
cien	**yüz**	[juz]

doscientos	**iki yüz**	[iki juz]
trescientos	**üç yüz**	[yʧ juz]
cuatrocientos	**dört yüz**	[dørt juz]
quinientos	**beş yüz**	[beʃ juz]
seiscientos	**altı yüz**	[altı juz]
setecientos	**yedi yüz**	[jedi juz]
ochocientos	**sekiz yüz**	[sekiz juz]
novecientos	**dokuz yüz**	[dokuz juz]
mil	**bin**	[bin]
diez mil	**on bin**	[on bin]
cien mil	**yüz bin**	[juz bin]
millón (m)	**milyon**	[miljon]
mil millones	**milyar**	[miljar]

3. El ser humano. Los familiares

hombre (m) (varón)	**erkek**	[erkek]
joven (m)	**delikanlı**	[delikanlı]
mujer (f)	**kadın, bayan**	[kadın], [bajan]
muchacha (f)	**genç kız, genç kadın**	[genʧ kız], [genʧ kadın]
anciano (m)	**ihtiyar adam**	[ihtijar adam]
anciana (f)	**yaşlı kadın**	[jaʃlı kadın]
madre (f)	**anne**	[anne]
padre (m)	**baba**	[baba]
hijo (m)	**oğul**	[ø:ul]
hija (f)	**kız**	[kız]
hermano (m)	**erkek kardeş**	[erkek kardeʃ]
hermana (f)	**kız kardeş, bacı**	[kız kardeʃ], [badʒı]
padres (pl)	**ebeveyn, anne baba**	[ebevejn], [anne baba]
niño -a (m, f)	**çocuk**	[ʧodʒuk]
niños (pl)	**çocuklar**	[ʧodʒuklar]
madrastra (f)	**üvey anne**	[yvej anne]
padrastro (m)	**üvey baba**	[yvej baba]
abuela (f)	**büyük anne**	[byjuk anne]
abuelo (m)	**büyük baba**	[byjuk baba]
nieto (m)	**erkek torun**	[erkek torun]
nieta (f)	**kız torun**	[kız torun]
nietos (pl)	**torunlar**	[torunlar]
tío (m)	**amca, dayı**	[amdʒa], [dajı]
tía (f)	**teyze, hala**	[tejze], [hala]
sobrino (m)	**erkek yeğen**	[erkek jeen]
sobrina (f)	**kız yeğen**	[kız jeen]
mujer (f)	**karı**	[karı]

marido (m)	**koca**	[kodʒa]
casado (adj)	**evli**	[evli]
casada (adj)	**evli**	[evli]
viuda (f)	**dul kadın**	[dul kadın]
viudo (m)	**dul erkek**	[dul erkek]
nombre (m)	**ad, isim**	[ad], [isim]
apellido (m)	**soyadı**	[sojadı]
pariente (m)	**akraba**	[akraba]
amigo (m)	**dost, arkadaş**	[dost], [arkadaʃ]
amistad (f)	**dostluk**	[dostluk]
compañero (m)	**partner, eş**	[partner], [eʃ]
superior (m)	**amir**	[amir]
colega (m, f)	**meslektaş**	[meslektaʃ]
vecinos (pl)	**komşular**	[komʃular]

4. El cuerpo. La anatomía humana

cuerpo (m)	**vücut**	[vydʒut]
corazón (m)	**kalp**	[kalp]
sangre (f)	**kan**	[kan]
cerebro (m)	**beyin**	[bejin]
hueso (m)	**kemik**	[kemik]
columna (f) vertebral	**omurga**	[omurga]
costilla (f)	**kaburga**	[kaburga]
pulmones (m pl)	**akciğer**	[akdʒier]
piel (f)	**cilt**	[dʒilt]
cabeza (f)	**baş**	[baʃ]
cara (f)	**yüz**	[juz]
nariz (f)	**burun**	[burun]
frente (f)	**alın**	[alın]
mejilla (f)	**yanak**	[janak]
boca (f)	**ağız**	[aız]
lengua (f)	**dil**	[dil]
diente (m)	**diş**	[diʃ]
labios (m pl)	**dudaklar**	[dudaklar]
mentón (m)	**çene**	[tʃene]
oreja (f)	**kulak**	[kulak]
cuello (m)	**boyun**	[bojun]
ojo (m)	**göz**	[gøz]
pupila (f)	**göz bebeği**	[gøz bebeı]
ceja (f)	**kaş**	[kaʃ]
pestaña (f)	**kirpik**	[kirpik]
pelo, cabello (m)	**saçlar**	[satʃlar]

peinado (m)	saç modeli	[satʃ modeli]
bigote (m)	bıyık	[bɪjɪk]
barba (f)	sakal	[sakal]
tener (~ la barba)	uzatmak	[uzatmak]
calvo (adj)	kel	[kel]

mano (f)	el	[el]
brazo (m)	kol	[kol]
dedo (m)	parmak	[parmak]
uña (f)	tırnak	[tɪrnak]
palma (f)	avuç	[avutʃ]

hombro (m)	omuz	[omuz]
pierna (f)	bacak	[badʒak]
rodilla (f)	diz	[diz]
talón (m)	topuk	[topuk]
espalda (f)	sırt	[sɪrt]

5. La ropa. Accesorios personales

ropa (f)	giysi	[gijsi]
abrigo (m)	palto	[palto]
abrigo (m) de piel	kürk manto	[kyrk manto]
cazadora (f)	ceket	[dʒeket]
impermeable (m)	yağmurluk	[jaamurluk]

camisa (f)	gömlek	[gømlek]
pantalones (m pl)	pantolon	[pantolon]
chaqueta (f), saco (m)	takım elbise ceketi	[takım elbise dʒeketi]
traje (m)	takım elbise	[takım elbise]

vestido (m)	kadın elbisesi	[kadın elbisesi]
falda (f)	etek	[etek]
camiseta (f) (T-shirt)	tişört	[tiʃørt]
bata (f) de baño	bornoz	[bornoz]
pijama (m)	pijama	[piʒama]
ropa (f) de trabajo	iş elbisesi	[iʃ elbisesi]

ropa (f) interior	iç çamaşırı	[itʃ tʃamaʃırı]
calcetines (m pl)	kısa çorap	[kısa tʃorap]
sostén (m)	sütyen	[sytjen]
pantimedias (f pl)	külotlu çorap	[kyløtly tʃorap]
medias (f pl)	diz altı çorap	[diz altı tʃorap]
traje (m) de baño	mayo	[majo]

gorro (m)	şapka	[ʃapka]
calzado (m)	ayakkabı	[ajakkabı]
botas (f pl) altas	çizmeler	[tʃizmeler]
tacón (m)	topuk	[topuk]
cordón (m)	ayakkabı bağı, bağcık	[ajakkabı baaı], [baadʒık]

betún (m)	ayakkabı boyası	[ajakkabı bojası]
guantes (m pl)	eldiven	[eldiven]
manoplas (f pl)	tek parmaklı eldiven	[tek parmaklı eldiven]
bufanda (f)	atkı	[atkı]
gafas (f pl)	gözlük	[gøzlyk]
paraguas (m)	şemsiye	[ʃemsije]
corbata (f)	kravat	[kravat]
moquero (m)	mendil	[mendil]
peine (m)	tarak	[tarak]
cepillo (m) de pelo	saç fırçası	[satʃ firtʃası]
hebilla (f)	kemer tokası	[kemer tokası]
cinturón (m)	kemer	[kemer]
bolso (m)	bayan çantası	[bajan tʃantası]

6. La casa. El apartamento

apartamento (m)	daire	[daire]
habitación (f)	oda	[oda]
dormitorio (m)	yatak odası	[jatak odası]
comedor (m)	yemek odası	[jemek odası]
salón (m)	oturma odası	[oturma odası]
despacho (m)	çalışma odası	[tʃalıʃma odası]
antecámara (f)	antre	[antre]
cuarto (m) de baño	banyo	[banjo]
servicio (m)	tuvalet	[tuvalet]
aspirador (m), aspiradora (f)	elektrikli süpürge	[elektrikli sypyrge]
fregona (f)	temizlik paspası	[temizlik paspası]
trapo (m)	toz bezi	[toz bezi]
escoba (f)	süpürge	[sypyrge]
cogedor (m)	faraş	[faraʃ]
muebles (m pl)	mobilya	[mobilja]
mesa (f)	masa	[masa]
silla (f)	sandalye	[sandalje]
sillón (m)	koltuk	[koltuk]
espejo (m)	ayna	[ajna]
tapiz (m)	halı	[halı]
chimenea (f)	şömine	[ʃømine]
cortinas (f pl)	perdeler	[perdler]
lámpara (f) de mesa	masa lambası	[masa lambası]
lámpara (f) de araña	avize	[avize]
cocina (f)	mutfak	[mutfak]
cocina (f) de gas	kuzine fırın	[kuzine fırın]
cocina (f) eléctrica	elektrikli ocak	[elektrikli odʒak]

horno (m) microondas	**mikrodalga fırın**	[mikrodalga fırın]
frigorífico (m)	**buzdolabı**	[buzdolabı]
congelador (m)	**derin dondurucu**	[derin donduruʤu]
lavavajillas (m)	**bulaşık makinesi**	[bulaʃık makinesi]
grifo (m)	**musluk**	[musluk]
picadora (f) de carne	**kıyma makinesi**	[kıjma makinesi]
exprimidor (m)	**meyve sıkacağı**	[mejve sıkadʒaı]
tostador (m)	**tost makinesi**	[tost makinesi]
batidora (f)	**mikser**	[mikser]
cafetera (f) (aparato de cocina)	**kahve makinesi**	[kahve makinesi]
hervidor (m) de agua	**çaydanlık**	[ʧajdanlık]
tetera (f)	**demlik**	[demlik]
televisor (m)	**televizyon**	[televizjon]
vídeo (m)	**video**	[video]
plancha (f)	**ütü**	[yty]
teléfono (m)	**telefon**	[telefon]

www.ingramcontent.com/pod-product-compliance
Lightning Source LLC
Chambersburg PA
CBHW070843050426
42452CB00011B/2386